O MUNDO DE
FRIDA

MARIANA AGOSTINHO E PEDRO SARMENTO
Ilustração dos autores

1ª edição
Editora Viajante do Tempo
Rio de Janeiro
2020

Copyright © 2020 by Mariana Agostinho and Pedro Sarmento

Editor: Regis L. A. Rosa

CIP-BRASIL. CATALOGAÇÃO NA PUBLICAÇÃO
SINDICATO NACIONAL DOS EDITORES DE LIVROS, RJ

S255m

Sarmento, Pedro, 1987-
O mundo de Frida / Pedro Sarmento, Mariana Agostinho.
- 1. ed. - Rio de Janeiro : Viajante do Tempo, 2020.
28 p. : il. ; 20 cm.

ISBN 978-85-63382-92-4

1. Kahlo, Frida, 1907-1954 - Literatura infantojuvenil. 2. Pintoras - Biografia - Literatura infantojuvenil - México. I. Agostinho, Mariana. II. Título.

20-62513　　　　　CDD: 759.972
　　　　　　　　　CDU: 929:75

Vanessa Mafra Xavier Salgado - Bibliotecária - CRB-7/6644

2020
Impresso no Brasil - Rio de Janeiro
Todos os direitos desta edição reservados à
Editora Viajante do Tempo LTDA
www.viajantedotempo.com
editoraviajantedotempo@gmail.com

O MUNDO DE
FRIDA

ESTAS SÃO AS MINHAS PINTURAS.
PINTAR É O QUE EU MAIS GOSTO!

SOFRI UM ACIDENTE E FIQUEI DOENTE.
AGORA, FICO O TEMPO TODO NA CAMA.

TENHO QUE FICAR BEM QUIETA
E NÃO POSSO MEXER O MEU CORPO.

FICO ENTEDIADA E ÀS VEZES ME SINTO SÓ.
TENHO MUITOS SENTIMENTOS QUE NÃO CONSIGO EXPLICAR.

ESTOU APRENDENDO A SER EU MESMA.
MUITAS FRIDAS MORAM DENTRO DE MIM.

PARA ME ALEGRAR,
MEU PAI TRAZ TINTAS PARA PINTAR.

PARA ME ALEGRAR,
MINHA MÃE FEZ UM CAVALETE ESPECIAL PARA MIM.

PINTANDO, SOU FELIZ.
PINTANDO A MIM MESMA, SOU DUAS.

MINHA REALIDADE É DIFERENTE,
MAS EU VEJO BELEZA NA DIFERENÇA.

MEU MUNDO É CHEIO DE IMAGINAÇÃO
E DE COISAS QUE OS OUTROS NÃO VEEM.

DO ALTO, VEJO MEUS PAIS E AVÓS.

DA FAMÍLIA DO MEU PAI,
HERDEI MINHA GROSSA SOBRANCELHA.

DA FAMÍLIA DA MINHA MÃE,
APRENDI A AMAR AS FLORES.

DIEGO TAMBÉM É ARTISTA.

ELE PINTA IMAGENS ENORMES EM PAREDES GIGANTES.

20

EU TAMBÉM CONTINUO PINTANDO.
MINHAS PINTURAS ENCANTAM AS PESSOAS!

ESTOU RODEADA DE AMIGAS E AMIGOS.
CELEBRAMOS A EXPOSIÇÃO DOS MEUS QUADROS!

ENTENDI QUE A DOR É PARTE DA VIDA
E SORRIR ME TORNA MAIS LEVE.

SOU FELIZ E AMO COLORIR A VIDA!

Frida Kahlo

Magdalena Carmen Frida Kahlo y Calderón, mais conhecida como Frida Kahlo, nasceu em julho de 1907 em Coyacán, região próxima à Cidade do México. Sua mãe, Matilde Gonzalez y Calderón, era de origem espanhola e indígena, e seu pai, Guillermo Kahlo, de origem alemã. Frida foi a terceira filha do casamento.

Aos 6 anos, Frida contraiu poliomielite, uma doença que a deixou enferma, necessitando ficar muito tempo de repouso, o que a fez se sentir diferente das outras crianças. Aos 18 anos, Frida sofreu um grave acidente: o ônibus em que estava colidiu com um bonde, gerando fraturas em várias partes do seu corpo, principalmente na coluna. Até o final de sua vida, Frida teve de ser operada diversas vezes sofrendo muitas dores e dificuldades de movimentação. Aos 22 anos, Frida casou-se com Diego Rivera, um famoso muralista mexicano.

Mesmo com todas as dificuldades, a força e o amor pela vida moveram Frida. Frida foi uma pessoa muito intensa, que através da pintura expressou seus momentos felizes e tristes. Em 1953, Frida realizou sua primeira exposição no México, na Galeria de Arte Contemporânea. Mesmo não podendo se levantar naquele momento, devido à saúde debilitada, Frida foi a sua exposição carregada em sua cama. Sua exposição foi um grande sucesso. Frida faleceu em 1954. Quatro anos depois, a casa em que Frida nasceu, a Casa Azul, transformou-se no Museu Frida Kahlo.

Os Autores

Mariana Agostinho é uma artista plástica formada em Pintura, pela Universidade Federal do Rio de Janeiro. Conhecedora das técnicas tradicionais de pintura, possui uma preferência pela utilização da pintura a óleo e aquarela. Iniciando sua caminhada no universo da literatura infantil, a artista escreve e ilustra pela primeira vez. Trazer para o universo lúdico infantil a história de Frida Kahlo carrega o ímpeto de estimular a arte, a valorização das artistas mulheres e a aceitação das diferenças, desde a primeira infância.

Pedro Sarmento é designer e escreve e ilustra livros infantis, tais como: Ubuntu, Mandioca, Irupé, Luzia Reluzia Poesia, Deu Branco e Mar das Deslembranças. Além disso, desenvolve projetos relacionados à animação, *motion design*, ilustração e comunicação visual. Pedro também é membro do DHIS (Laboratório de Design de histórias) e interessa-se especialmente pela representação visual para crianças, tema de sua pesquisa de doutorado (PUC-Rio). Seu portfolio encontra-se no site: pedrofsarmento.com

Para conhecer mais sobre os livros da Editora Viajante do Tempo visite o site: www.viajantedotempo.com

www.ingramcontent.com/pod-product-compliance
Ingram Content Group UK Ltd.
Pitfield, Milton Keynes, MK11 3LW, UK
UKHW060215240426
12048UKWH00030BB/1678